I0123135

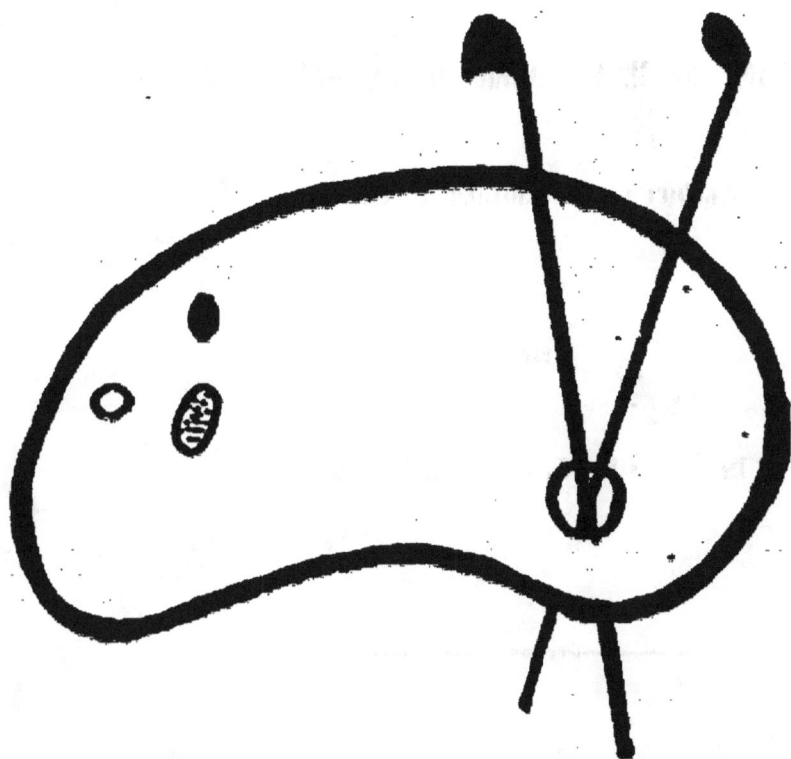

DEBUT D'UNE SERIE DE DOCUMENTS
EN COULEUR

CHARTES NIVERNAISES

ORIGINALES

PROVENANT DE M. GRANGIER DE LA MARINIÈRE

AUJOURD'HUI A LA BIBLIOTHÈQUE NATIONALE

PAR

RENÉ DE LESPINASSE

————————

NEVERS,
G. VALLIÈRE,
IMPRIMEUR DE LA SOCIÉTÉ NIVERNAISE
21, Avenue de la Gare.
—
1898

L² k
504

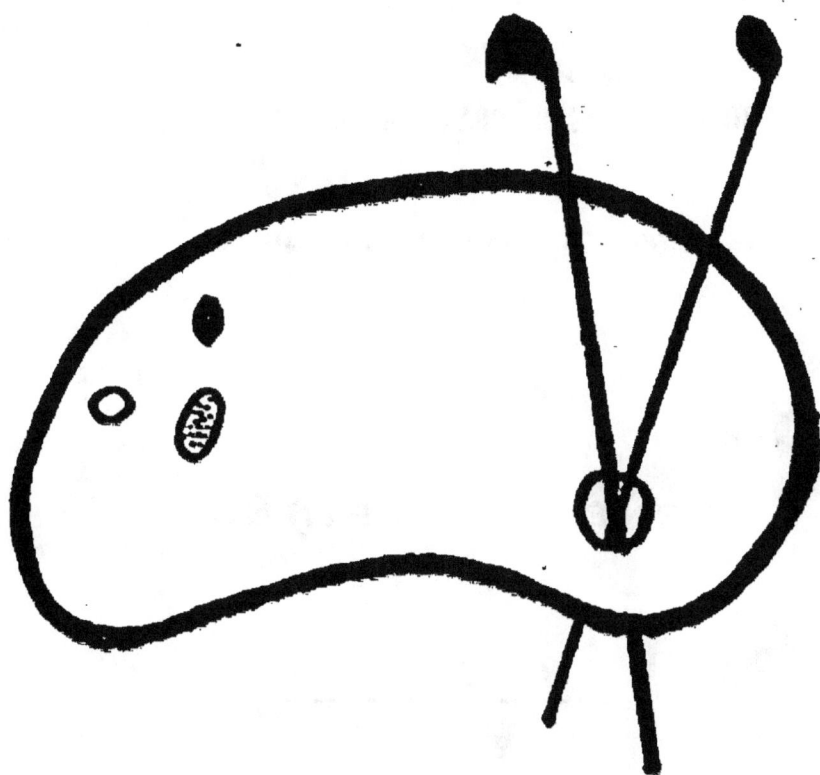

FIN D'UNE SERIE DE DOCUMENTS
EN COULEUR

CHARTES NIVERNAISES

ORIGINALES

PROVENANT DE M. GRANGIER DE LA MARINIÈRE

AUJOURD'HUI A LA BIBLIOTHÈQUE NATIONALE

PAR

RENÉ DE LESPINASSE

NEVERS,

G. VALLIÈRE,

IMPRIMEUR DE LA SOCIÉTÉ NIVERNAISE

21, Avenue de la Gare.

—

1898

Lk²
4504

CHARTES NIVERNAISES

ORIGINALES

PROVENANT DE M. GRANGIER DE LA MARINIÈRE

AUJOURD'HUI A LA BIBLIOTHÈQUE NATIONALE

———

La Bibliothèque nationale, département des manuscrits, possède plusieurs volumes formant des recueils de chartes concernant le Nivernais. Ces recueils factices, formés depuis une cinquantaine d'années à l'aide de documents achetés dans les ventes publiques, se composent de parchemins collés sur de grandes feuilles de papier fort, disposés et rangés par région et par ordre de dates, système assez commode pour consulter et faire des recherches, mais qui a l'inconvénient de détériorer les pièces.

Il faut les plier d'après le format, quelquefois même les couper. La conservation des sceaux est très difficile et il est impossible de rechercher les notes qui peuvent être inscrites au dos des parchemins. Néanmoins, la Bibliothèque, qui achète beaucoup, a pu conserver ainsi, dans son précieux dépôt, nombre de chartes qui auraient péri ou seraient devenues introuvables dans les collections particulières.

Parmi ces volumes, il y en a trois, les numéros 2,298, 2,299 et 2,300 des Nouvelles Acquisitions latines, qui proviennent d'acquisitions faites à la vente Grangier de La Marinière en 1883.

Longtemps mêlé à la politique de M. Thiers, mais avant tout amateur intelligent et chercheur aussi sérieux que persévérant, Grangier de La Marinière avait patiemment recueilli, pendant quarante ans de sa vie, tout ce qu'il trouvait sous sa main, livres rares, livres d'étude ou d'histoire locale, autographes, chartes et manuscrits, lettres et documents de toute nature.

Les catalogues de sa vente qui eut lieu en mai et juin 1883 sont curieux par eux-mêmes, et montrent à travers leur sèche nomenclature le but poursuivi, la méthode rigoureuse et le réel bonheur de trouvailles aussi variées. Une pareille collection, quels que soient le temps, l'argent et les moyens, serait impossible à faire aujourd'hui.

Je laisse toute la partie des livres et même ceux relatifs au Nivernais, pour m'arrêter au dernier lot des manuscrits ainsi libellé dans le catalogue, sans aucun autre détail : *Collection de documents originaux, chartes et autographes concernant le Nivernais et comprenant environ six cents pièces du XII° au XIX° siècle, contenues dans huit cartons in-f°.*

Et le catalogue imprime cette remarque :

« Il serait déplorable que cette collection fût morcelée et on doit espérer qu'un dépôt public soit à Paris, soit dans le département de la Nièvre s'en rendra acquéreur. »

Je ne sais ce qui se passa à cette époque pourtant

peu éloignée de nous. Le fait est que l'appel ne reçut pas d'écho utile et M. Charavay, libraire chargé de la vente, resta le premier acquéreur du lot entier, sans que le public fût mis au courant du détail de la composition de ces cartons.

Aujourd'hui, il est matériellement impossible de s'en rendre compte. MM. Charavay, que j'ai consultés à ce sujet, m'ont dit que la vente avait été faite par Eugène Charavay, leur cousin, décédé depuis plusieurs années, sans laisser de successeur. Ses registres de comptes, s'ils existent encore, ne donneraient aucune indication suffisante.

Parmi nos confrères amateurs de documents, MM. de Laugardière, Morlon ou Sarriau, n'ont été acquéreurs d'aucune de ces pièces.

Il faut donc admettre qu'Eugène Charavay les a dispersées en s'en défaisant au mieux de ses intérêts, suivant les hasards des achats particuliers, en dehors de la publicité d'une vente annoncée.

Toutefois, à titre de consolation et d'espoir que les documents de l'histoire nivernaise n'ont pas disparu en allant s'enfouir dans une collection particulière, MM. Charavay, directeurs de la maison actuelle, 3, rue de Furstemberg, sont convaincus que le lot de 102 chartes présenté à M. Delisle et acheté pour la Bibliothèque nationale en 1883, à un prix assez élevé, constituait la partie la plus importante pour ne pas dire la seule des vrais documents nivernais compris dans l'ensemble du lot porté à 600 pièces.

La description extérieure de ces chartes et l'examen de leur provenance offre un certain intérêt. Évidemment sorties des chartriers des couvents, à une époque quelconque de la tourmente révolutionnaire, les voilà réintégrées dans notre grand dépôt national, après quelques étapes dans les cabinets d'amateurs.

Avec les parchemins sont venus d'autres papiers personnels : analyses, copies, remarques, lettres relatives aux chartes, émanant des possesseurs successifs de ces précieux souvenirs d'un autre âge. On a respecté ces papiers dans le classement et la pagination des volumes, quelle que soit l'insignifiance de ces notes. Ainsi il y a à un numéro du premier volume un grand papier portant simplement le nom de M. Grangier de La Marinière, au crayon.

Il est curieux, en effet, de conserver les moindres détails de ces papiers, prouvant qu'ils n'ont pas été comme tant d'autres livrés aux rats et à la poussière, mais compulsés et étudiés par leurs propriétaires. Le bon état de nos chartes témoigne d'ailleurs amplement du soin et du mérite des divers amateurs entre les mains desquels elles ont passé.

Une dizaine de ces chartes portent la mention écrite de la main de M. Grangier de La Marinière, ainsi conçue :

« Acheté de M. du Broc de Segange, conseiller de préfecture de la Nièvre, par l'intermédiaire de M. Tross (libraire à Paris), en mars 1858. »

J'ignore d'où M. du Broc pouvait les tenir, mais nous savons d'ailleurs que, pendant son long séjour à Nevers, il put acheter de divers côtés, et très souvent chez des négociants encore moins scrupuleux qu'aujourd'hui sur la question des parchemins, une quantité de documents qui, sans lui, auraient été certainement détruits.

Il y a cependant des notes et extraits d'une autre main que celle de M. du Broc, émanant d'un chercheur qui connaissait peu notre histoire locale, à en juger par ses réflexions. Ainsi, pour une charte de 1231, contenant l'approbation de l'Évêque d'Auxerre aux privilèges des habitants de Nevers, l'origine de ces privilèges remontant à Pierre de Courtenay semble lui échapper totalement.

On est donc amené à supposer que ces chartes, sans compter d'autres migrations intermédiaires non signalées par des notes, sont devenues successivement la propriété de trois amateurs: 1° celui qui a écrit les notes; 2° M. du Broc de Segange; 3° M. Grangier de La Marinière.

En feuilletant les numéros, on rencontre d'autres chartes occupant leur place par date et par localité, mais sans indication de provenance. Le collectionneur aura négligé, pour une raison quelconque, de mentionner d'où il les tenait.

Les chartes de M. du Broc vont de 1112 à 1267, tous de beaux parchemins, dépourvus de sceaux, mais bien conservés. Elles concernent le prieuré de Saint-Étienne, l'abbaye de Saint-Martin, le prieuré de Guipy, l'Évêque de Nevers et le chapitre de Saint-Cyr.

Plusieurs ventes publiques ont aussi contribué à former la collection de chartes. La vente Le Ver, en novembre 1866, fournit deux documents sur Fonmorigny et Saint-Arigle, et une précieuse charte de 1374 contenant l'ordre, par Charles V, aux religieux de Saint-Denis d'inhumer à ses pieds son fidèle chambellan, Bureau de La Rivière. La vente Salmon, en 1857, a procuré une pièce sur l'église d'A ois; la vente Yéméniz, sur la donation de Guillaume Pioche; la vente Tarbé, de Reims, en 1863, sur Varzy et les privilèges du chapitre; la vente de Magny, en 1867, sur la donation d'Érard de Chacenay.

Les chartes les plus anciennes et les plus précieuses sont les seules accompagnées de ces mentions de provenance, qui deviennent plus rares à mesure que l'on avance en date. Le troisième volume, qui comprend de 1428 à 1499, n'en contient aucune. Les collectionneurs ont également ajouté des copies, notes et extraits relatifs aux documents déjà recherchés par eux avec tant de sagacité ; ces documents augmenteront encore de valeur en les rapprochant de ceux des autres recueils conservés de la même façon, grâce aux soins et à la persévérance de l'administration de la Bibliothèque nationale, où nous constatons avec grande satisfaction qu'ils sont désormais en lieu sûr.

Après ces quelques détails, il me reste à passer rapidement en revue l'intérêt historique de ces chartes. Je les grouperai suivant les objets qu'elles traitent, afin de permettre de les rapprocher de celles déjà connues d'autre part.

Le prieuré de Saint-Étienne figure avec une superbe charte de 1112 (n° 2), contenant la donation d'un fief et plusieurs places à bâtir dans les environs de l'église, par Gosbert et Guillaume, fils de Séguin de Nevers, qui en avait joui à son retour de Jérusalem.

La pièce est dressée par Bernard, chantre du chapitre, certifiée par de nombreux témoins, approuvée par le comte Guillaume, l'évêque Hugues IV et dom Pierre, prieur de Saint-Étienne. Cet acte était le complément de la vocation religieuse que Séguin, suivant en cela l'exemple de beaucoup de seigneurs, avait embrassée à la suite de la croisade. Il comparaît comme moine, vivant sous le régime de la communauté.

En 1143, le prieur de Saint-Étienne s'appelle Bernard. Il reçoit de Hugues de Pierreperthuis (n° 4) une dîme située à Sermoise et 17 sols de cens sur le moulin de Chaussefosse, moyennant la somme de 80 livres.

A la suite du texte de cette vente, les deux seigneurs

importants de l'endroit, l'évêque Fromont et le comte Guillaume, se portent fort pour eux et leurs héritiers, à la demande des parties, et revêtent l'acte de leur sceau, en présence de nombreux témoins.

L'abbaye de Saint-Martin de Nevers est représentée par une charte de 1210 (n° 10), où l'évêque Guillaume, choisi comme arbitre par les chanoines et le seigneur Guillaume de Jaugenay, au sujet d'un pré qu'ils se contestaient, attribue définitivement la propriété à l'abbaye de Saint-Martin.

Le chapitre de Saint-Cyr offre un grand nombre de pièces constatant ses privilèges, ses donations, ses acquisitions, ses procès, questions intéressantes où il intervient des personnages et des localités sur lesquels on obtient à chaque instant des renseignements. Celles-ci viendront s'ajouter à d'autres qui sont déjà très nombreuses.

Le chapitre de Nevers avait fourni à Philippe-le-Bel un fort subside pour sa guerre des Flandres, en considération duquel le roi lui avait accordé en 1304 divers privilèges, profitant d'ailleurs aux nombreux tenanciers du chapitre dans les campagnes. Il est fait allusion dans nos chartes à cette libéralité royale qui est reproduite dans le *vidimus* de 1312 (n° 4) et dans quatre autres pièces insérées dans notre recueil.

Parmi les donations au chapitre pour fondation d'anniversaires, nous voyons un don de 60 livres en 1329 (n° 21) par Pierre Amy de Montély, curé de Saincaize ; le revenu devait en être réparti entre les divers officiants.

Ce même Pierre Amy, curé de Saincaize, est chargé d'une fondation de trois messes à dire dans son église pour la famille d'Adeline Chardane, en 1343 (n° 30). Le hasard a mis entre les mains d'un collectionneur d'aujourd'hui deux chartes concernant le même personnage.

Une autre charte de 1281 (n° 38) expose un cas assez curieux de la comptabilité du chapitre de Saint-Cyr. A la vacance du siège épiscopal, par le décès de Robert de Marzy en 1272, le doyen avait disposé d'une somme de 200 livres, sur la mense épiscopale, en acquisition d'un pré situé dans la vallée de la Nièvre, au-dessous de Coulanges, appelé Origny. Lorsque Gilles du Châtelet réclama ses comptes, il lui fut impossible de retrouver les 200 livres, et le doyen se décida à lui abandonner la terre.

Cependant l'évêque, soit qu'il n'eût pas intérêt à ces revenus, soit par bienveillance pour ses chanoines, ne voulut pas en prendre possession et y renonça de suite en faisant une double fondation de messe du Saint-Esprit et office d'anniversaire après sa mort.

Il y a encore une dizaine de *vidimus* du XIV° siècle, relatifs à diverses donations par les comtes de Nevers au chapitre de Saint-Cyr, textes imprimés dans le *Gallia Christiana* ou autres recueils, avec leur date d'origine, et qui sont à mentionner dans l'*Histoire du Chapitre de Saint-Cyr*.

La propriété urbaine, consistant en maisons à Nevers, plus faciles à louer et à administrer, semble avoir la préférence des chanoines, puis les vignes et terres des environs de Nevers, puis enfin des bois et grandes propriétés plus éloignées, qu'elles vinssent au chapitre par vente ou donation. Voici quelques-uns de ces actes :

Hugo Polez et Isabelle Pieplat, sa femme, vendent, en 1263, à Gilon d'Orléans, chanoine de Nevers, pour 8 livres nivernaises, une maison située dans la paroisse Saint-Jean (n° 28).

Le chanoine Hugues de Fourneuf achète, en 1281 (n° 37), une part de maison sise paroisse Saint-Arigle, appartenant aux enfants d'un certain Pierre de Sauvigny.

En 1267, le chapitre accense pour 25 sols par an, aux maître et frères de l'hôpital Saint-Didier, une maison située paroisse Saint-Laurent, qui leur avait été donnée par Jean Dandin (n° 31).

Ces conventions particulières offrent parfois des détails curieux, comme la charte de 1315, dans laquelle le chapitre donne à bail emphytéotique à deux habitants de Nevers un terrain situé rue Saint-Sauveur, où existait une maison détruite par l'incendie de 1308. La maison se reconstruisait et les preneurs payaient une annuité de 60 sols et deux deniers de cens (1).

La série des baux ruraux est également représentée.

La dame de Vèvre, veuve de Hugues Bréchard, prend en censive, pour vingt-neuf ans et au prix annuel de 10 livres, l'étang de Montifaut et toutes ses dépendances situées à Prye, le chapitre ne se réservant que la justice (1342, n° 28).

Les acquisitions rurales sont plus isolées, mais méritent d'être citées :

C'est d'abord la vente d'un pré, dans les environs de Sancergues, par Guillaume Roy de Parigny, pour le prix de 16 livres nivernaises, en 1242 (n° 22).

Puis la vente par Alix, veuve de Odard Troussebois, en 1297 (n° 45), au chapitre de Nevers, pour 100 livres tournois, de parcelles de vigne à Conflans et à Cuffy, et un cens annuel de 9 sols, assis sur les vignes des côteaux de Marzy et entre autres aux Mon-

---

(1) Texte publié dans le *Bulletin*, t. II. p. 161. A cette occasion M. du Broc expose à la Société qu'il découvrit chez un cartonnier un lot de 1,600 chartes qui furent à l'époque rachetées par le département.

tapins (*de Monte Alpini*) et du Bec d'Allier (*de Beco Aligeris*).

Enfin, comme affaire plus importante, Isabelle de Rosières lui vend encore, en 1342, pour 500 livres, tous ses droits, terres et maisons situés dans la région de Rosières, près Decize (t. II, n° 29).

Les difficultés pendantes entre les divers pouvoirs fournissent des actes et surtout des nominations d'arbitres, entre le chapitre, l'évêque, le comte, les seigneurs voisins.

Itier de Frasnay conclut un accord en 1248 (n° 28), au sujet des droits de justice à Parigny, en présence de l'évêque Robert Cornut par des arbitres qui désignent à chacun les hameaux et territoires de la localité où ils pourront exercer leurs droits.

Les nombreuses contestations entre le comte de Nevers et le chapitre de Saint-Cyr se terminaient toujours par des nominations d'arbitres qui aboutissaient ordinairement à une sorte d'accalmie entre les parties pour recommencer ensuite à la première circonstance quelconque.

En 1299 (n° 46), les arbitres choisis furent Étienne de Bosonville, bailli de Nevers (1) et Me Jean de Clugny, chanoine.

Autre nomination d'arbitre dans une charte de 1301, sur la contestation élevée cette fois entre Jean, évêque de Nevers, et le doyen du chapitre de Saint-Cyr (t. II, n° 3). Il s'agit de répartir les droits de chacun sur la forêt de Prémery, dont l'usage était indivis. Les deux experts nommés à l'amiable en cette circonstance sont les chanoines Gautier de Spodona et Jean de Charry.

Cette question de la forêt de Prémery semble s'être

(1) La liste des baillis de Nivernais sera curieuse à bien des titres. Dans plusieurs provinces de France on commence à rechercher ces seigneurs, qui occupaient d'importantes fonctions.

terminée quelques années plus tard, en 1323, par la donation définitive de deux cents arpents (nº 13) de cette même forêt au chapitre de Nevers. Les deux évêques Jean de Savigny et Bertrand de Colombiers avaient eu la même pensée en cherchant à terminer une querelle si longtemps débattue entre eux et impossible à trancher. En faisant cette donation, l'évêque perdait peu de chose et donnait une preuve de générosité. Dans d'autres recueils, nous aurons évidemment occasion de découvrir des pièces relatives à cette même affaire.

Les justices seigneuriales, si éparpillées sur le territoire puisque la possession du sol impliquait presque toujours le droit d'exercer la justice, amenaient de fréquentes contestations entre les parties. Entre mille en voici un exemple fourni par la charte du 4 février 1305 (nº 5) :

Un sergent du comte de Nevers saisit en gage une coupe de fer et appose les scellés sur une arche dans la maison de Regnaut Pastoureau, pour une somme d'argent que devait celui-ci. Le sergent reconnaît qu'il a fait erreur et n'a pas qualité pour agir dans cette localité de Muloz, qui est justice du chapitre. Il remet tout en place en présence de R. d'Achères, chanoine prévôt de Sauvigny, et de deux autres témoins, se soumettant à l'amende. Le clerc juré de l'officialité est chargé d'assister à toutes ces opérations et d'en dresser acte.

En 1310 il s'agit encore de droits de justice entre le chapitre, l'évêque et le comte de Nevers. Les arbitres nommés par le roi sont l'abbé de Saint-Laurent-l'Abbaye et Hérard de Thianges, chevalier. Nous avons les lettres (nº 6), par lesquelles ils chargent le prévôt royal de Saint-Pierre-le-Moûtier, Oudet de

Beleigny et son sergent, de convoquer à Nevers en leur présence les trois parties pour recevoir leurs dires.

L'intervention royale paraît directement dans cette convocation affirmant de plus en plus la supériorité du pouvoir et des officiers du roi. Voici mieux encore. Quelques années après, dans les lettres-patentes du 14 mars 1319 (n° 12). Il y avait contestation de droits sur des dîmes à La Charnaye, près Sancergues, entre le chapitre de Nevers et le curé de Tronsanges d'une part, et le prieur et aumônier de La Charité, d'autre part. On avait sans doute épuisé le système des arbitrages amiables qui n'avaient pu aboutir. Le roi charge de l'enquête son prévôt de Sancoins, Simon Fouques, en ayant soin de lui indiquer d'appliquer les dîmes au curé, à moins que les religieux ne présentent des preuves tout à fait convaincantes.

Trois autres pièces portent signification aux sergents royaux de Saint-Pierre-le-Moûtier de régler avec le bailli de Bourges la suite du procès entre le comte de Nevers et le chapitre.

Les familles serves de Soulangy appartenaient les unes au chapitre de Saint-Cyr, les autres au prieur d'Aubigny. Il y eut des conventions faites par le prieur de La Charité en 1336 (n° 24), où il est exposé les conditions de servage réglées par la coutume du Nivernois.

En 1354, comme arbitres, et toujours entre l'évêque et le chapitre, nous trouvons Guillaume de Vrigis, official, Jean Gendret, notaire, et les chanoines Jean de Sauvigny et Jean de Bourbon (n° 34).

Dans le deuxième volume, aux années 1330 et suivantes, il y a plusieurs chartes royales relatives à l'exécution des testaments et distribution des deniers au décès des chanoines, question contestée par le comte de Nevers et qui parut souvent au Parlement.

En 1354 (n° 37), à la mort du chanoine Guillaume de Veauce, le doyen nomme exécuteurs testamentaires quatre chanoines avec les pouvoirs les plus étendus. Parmi eux se trouve Regnaut Passeloire, qui occupait la fonction de garde de la prévôté de Nevers.

Le chapitre de Prémery achète en 1242, pour le prix de 27 livres nivernaises, à Adam des Ponts, une partie de pré et une vigne, dont il garantira la propriété définitive au chapitre (n° 20).

Terminons le chapitre de Saint-Cyr par la mention du compte du dernier trimestre de l'année 1296 présenté au doyen par le boursier Gilon de Argeville. On y voit un certain nombre de noms qui motiveront un examen spécial et même une publication de cette pièce importante et rare.

Plusieurs chartes concernent les prieurés de la région : le prieuré de Saint-Yon, près Montlhéry, dépendant de La Charité-sur-Loire, fait une convention avec un seigneur voisin au sujet de redevances sur les vignes et sur les blés, en mai 1242 (n° 21). C'est la seule charte que l'on possède en Nivernais sur ce prieuré, connu seulement par la mention portée dans l'inventaire du prieur Colbert. On voit que, comme la plupart des suffragants de La Charité, il remontait au XIIIᵉ, et très probablement au XIIᵉ siècle.

Au siècle suivant, en 1355, le roi intervient dans une contestation entre la reine Blanche et le prieuré de La Charité, au sujet de la terre de Lady, en Champagne, dont la jouissance resta définitivement au prieuré (n°ˢ 35 et 36).

Le prieuré de Guipy paraît en 1225 (n° 17). Son prieur Godefroi s'entend avec un seigneur voisin, Chrétien Dauodest. La dîme d'une vigne reviendra pour les deux parts au prieur, et si plus tard la vigne est augmentée en étendue, les parts devront également être augmentées en proportion. Cette charte offre un intérêt spécial. Elle est passée devant Mᵉ Etienne, official de Nevers, le 3 septembre 1225 et se trouve être la plus ancienne connue des chartes de notre officialité.

Les moniales de La Fermeté reçoivent en janvier 1244 une superbe rente de seize quartcaux de mouture, accordée par Isabelle de Cisely, veuve de Geoffroi des Prés, sur l'étang et le moulin de Cisely, près Cercy (nᵒ 23).

Le prieuré de l'Espau possède des droits d'usage dans les bois de Montaubert et autres forêts près de Clamecy en 1300. Le comte de Nevers Louis de Flandre reconnaît à ce sujet avoir reçu des religieux le bois nécessaire à la réparation de ses pressoirs, mais sans qu'ils y soient tenus et par pure courtoisie, il le témoigne dans un acte authentique scellé de son sceau et plusieurs fois renouvelé. La copie du recueil est de l'année 1561.

La ville de Nevers offre quelques particularités. Voici par exemple, en 1260 (nᵒ 26), la vente d'une maison sise rue de la Tartre, par Hugonin et sa femme Isabelle à Hugues Amiraud de Soulangy. Le plus curieux de l'affaire est que les vendeurs sont les enfants d'un certain Jobert de La Tartre, qui autorise lui-même la vente. Y a-t-il une corrélation entre le nom du propriétaire et de la rue ? La pièce de 1260 n'y fait aucune allusion.

En mai 1270, nous voyons la répétition des cérémonies usitées au siècle précédent pour le départ de la croisade. C'étaient évidemment les préparatifs de la deuxième croisade de Saint-Louis. Guillaume Bréchard se rend à la cathédrale de Saint-Cyr et en réunion du chapitre donne pour son anniversaire tous les biens qu'il possédait à Sardolles en franc-alleu ou que ses gens tenaient de lui. L'acte est passé devant l'officialité de Nevers.

Nous avons encore dans ce recueil beaucoup de chartes isolées, dont l'énumération seule montrera l'intérêt pour l'histoire locale. C'est par là que je terminerai cette nomenclature assez sèche de documents.

Échanges dans la paroisse de Chaluzy en 1264 (n° 29).

Vente d'une terre en franc-alleu, à Crais, près Saint-Parize, par Jean Syron à un prêtre, Gautier de Bonay, en 1274 (n° 35).

Vente de biens de toute nature situés à Épiry, Sardy et Montreuillon en 1289 (n° 39), avec un grand nombre de noms d'hommes et de lieux, dépendant de la succession de Perronet, prévôt de Corbigny, et tenus en fief par Jean de Ansey, chanoine-chantre d'Orléans.

Donation à l'église Saint-Loup d'Asnois (n° 41), par Richard Beaufils, de 10 sols nivernais de rente annuelle répartis en une quantité de petits tenanciers de l'endroit. Curieuse charte française de 1293 émanant de la prévôté seigneuriale de Clamecy.

Le n° 43 est un superbe parchemin de 1295 exposant la donation entre époux au dernier survivant par deux seigneurs nivernais d'assez grande importance, Guillaume Pioche, seigneur de Brinon, et sa femme, Aremburge de La Rivière. C'était le second mariage des deux époux dont l'âge devait être assez avancé. Les immeubles et droits féodaux qui ne figurent pas d'ailleurs dans l'acte, se trouvaient sans doute en possession des enfants des deux côtés, qui comparaissent pour approuver la donation réciproque reposant seulement sur tous les biens meubles.

Dans le tome II de ce même recueil nous trouvons un contrat de mariage daté de 1319 (n° 14) entre

BIBLIOTHÈQUE R. F. IMPRIMÉS.

Gibant de Saint-Verain, seigneur de La Celle, et
Jeanne de Courcelles. Les terres apportées par le
futur sont situées en dehors du Nivernais, mais le
contrat est passé devant la prévôté royale de Donzy,
et il est dit que l'acte est revêtu du « nouvel scel le
Roy establi en la prevosté », détail intéressant pour
l'époque de création des notaires royaux qui devien-
dront plus tard les seuls expéditionnaires des actes
des particuliers.

Au milieu de ces actes émanant tous d'une auto-
rité quelconque, officialités, prévôtés ou chancelleries
particulières, mais ayant caractère d'actes publics, il
y a une charmante lettre missive sur parchemin
(n° 20) sans date, mais qui ne peut être inférieure à
1325. Dans cette lettre adressée à la comtesse de
Nevers, Jeanne d'Acy se met sous sa protection et
espère qu'elle voudra bien la soutenir contre les officiers provinciaux qui la grugent et saisissent ses
revenus. Sans faire allusion à aucun fait d'histoire, ce
parchemin est très curieux au point de vue littéraire
pour une époque aussi ancienne. Les documents de
style épistolaire ne sont pas nombreux au XIVᵉ siècle.

En 1365, contrat de mariage entre Geoffroy du
Bouchet et Jeanne de Saint-Verain, fille de Gibant,
même famille dont il est question plus haut. Ils appor-
tent en dot l'un sa terre du Bouchet et l'autre la terre
de Pierrefite, avec promesse d'avoir une part égale
aux autres enfants mâles dans les successions futures
(n° 39).

Les aveux et dénombrements de la maison et terres
de Chalaux, près Brassy, par Ysabel Guyot-le-Cochat
à Guillaume de Saint-Aubin en 1339 (n° 26). La
suite du XIVᵉ siècle comporte beaucoup d'aveux au
comte de Nevers, à l'évêque et à divers seigneurs,
dont il sera précieux d'avoir la nomenclature.

La fin du deuxième et l'ensemble du troisième volume se composent en grande partie d'aveux et de contrats moins intéressants que ceux des siècles précédents.

A l'aide des autres recueils appartenant encore à la Bibliothèque nationale, on obtiendra un ensemble de documents nivernais très utiles à consulter. J'ai copié toutes ces chartes, et, en m'en servant pour des notices, je les tiens à la disposition de nos confrères qui désireraient les mettre également à profit pour leurs études.

DESACIDIFIE
à SABLE : 1994

Nevers, imp. G. Vallière.

123

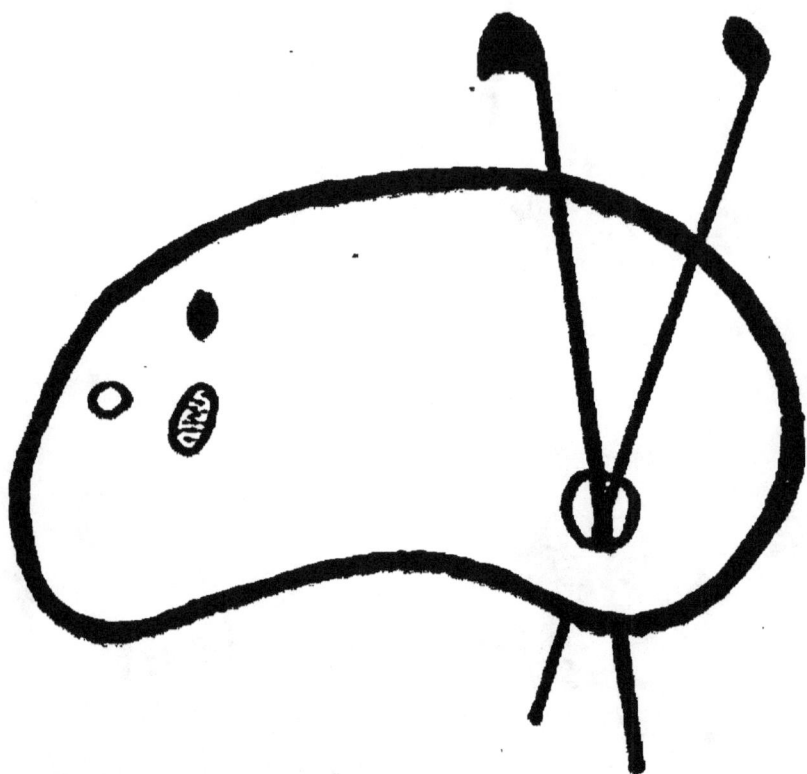

ORIGINAL EN COULEUR

NF Z 43-120-8

www.ingramcontent.com/pod-product-compliance
Lightning Source LLC
Chambersburg PA
CBHW070746280326
41934CB00011B/2819